L6 4.1 1865.

SUITE DU RAPPORT

FAIT PAR LA COMMISSION

NOMMÉE PAR LE REPRÉSENTANT *PÉNIÈRES*,

Sur les Adjudications frauduleuses des Domaines nationaux du Lindois, faites, pour la majeure partie, à Grosdesvaux, ex-Agent national du District de la Rochefoucauld.

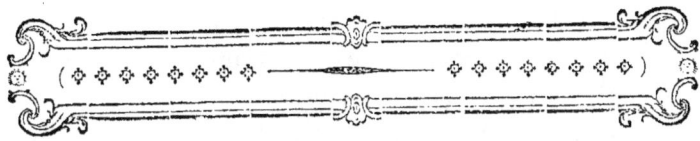

VOUS avez renvoyé à la Commission, CITOYEN REPRÉSENTANT, une pétition de Susanne Châtaigner, relative à la vente des biens du Lindois.

La Commission a examiné avec une attention scrupuleuse les pièces qui étaient à l'appui de cette pétition, & elle m'a chargé de vous faire le rapport de ses observations.

Organe de la vérité, je vous la dirai toute entière; je

vous parlerai sans passion comme sans haine, ou pour mieux dire, les pièces seules vous instruiront par ma bouche ; il ne s'agit que d'en présenter l'analyse.

François-Joseph Châtaigner n'étant décédé que le 11 décembre 1789, Susanne Châtaigner sa fille réclama, en vertu de la loi du 17 nivôse, la quatrième partie des biens de sa succession, situés principalement dans la Commune du Lindois.

Elle présenta sa pétition au directoire du district de la Rochefoucauld, & demanda partage pour un quart des biens dont s'agit, lesquels se trouvaient entre les mains de la nation, par l'effet de la loi du séquestre contre les émigrés.

Cette pétition est datée du 22 nivôse, 2.ᵉ année, & il est vraisemblable que c'est à cette époque qu'elle fut présentée au district.

La réclamation de Susanne Châtaigner ne paraissait pas susceptible de difficulté : elle était fondée sur la loi. Il n'y avait qu'un seul fait à éclaircir, celui de savoir, par l'intermédiaire des municipalités, où étaient situés les biens, s'ils pouvaient être divisés, pour en être laissé un quart à la réclamante; il ne s'agissait donc, de la part du directoire, que de renvoyer la pétition aux municipalités des lieux, pour donner leur avis.

Par une fatalité assès singulière, cette pétition demeura oubliée pendant six mois & demi dans le bureau d'Hériard, administrateur, & chargé de la partie des émigrés, pour n'en sortir que lorsqu'il n'était plus possible de lui donner d'effet,

Ce ne fut que le 7 thermidor qu'elle fut enfin apoſtillée par un renvoi ſigné de lui ſeul, aux municipalités du Lindois & de Marthon, qui donnèrent leur avis les 5 & 20 frimaire dernier, portant que les biens dont s'agit, *étaient ſuſceptibles de diviſion.*

Mais, dans l'intervalle de la pétition du 22 nivôſe, au 7 thermidor qu'elle fut répondue, que s'était-il paſſé ? On aura peine à le croire : les biens dans leſquels la citoyenne Châtaigner demandait une portion, avaient été vendus & adjugés par le directoire, les 3 germinal & 1.er prairial ! Et à qui encore ? à l'agent national en plus grande partie, au fonctionnaire public, qui eût dû veiller à ce qu'il fût donné ſuite à la pétition de la citoyenne Châtaigner.

Si l'agent national n'eût point figuré comme partie intéreſſée dans cette affaire, on pourrait croire peut-être, qu'il n'y a eu que négligence de la part du directoire, à garder une pétition ſix mois & demi, pour y mettre, non pas une délibération ſujette à diſcuſſion, mais un ſimple renvoi à municipalité, qu'il eſt d'uſage d'expédier d'une minute à l'autre ; on pourrait peut-être encore ſe perſuader qu'il n'y a eu qu'un oubli involontaire de l'exiſtence dans les bureaux, de la pétition dont s'agit, & que ce n'a été que par l'effet d'une inconſéquence inouie que le directoire a fait procéder à la vente des biens, avant d'avoir ſtatué ſur la demande en partage de la citoyenne Châtaigner ; mais quand on ſonge que l'agent national, à la requête de qui ſe pourſuivent les adjudications, a été le principal adjudicataire, il eſt bien difficile de pouvoir se défendre du soupçon d'une connivence coupable, à rendre illusoire la réclamation de Susanne Châtaigner.

Mais ici va paraître plus que du soupçon : ici va paraître un concert frauduleux ; on verra plus : on verra ce concert se développer sous les propres yeux de l'administration.

On verra en effet l'agent national poursuivre les ventes, & se rendre adjudicataire, par des prête-noms qui étaient ses parens ou ses amis, d'une superbe propriété nationale, estimée 46,500 liv., & l'acquérir, à la faveur de quelques enchères simulées, pour 47,260 liv. ; on verra que les prétendus enchérisseurs, qui paraissent s'être présentés pour son compte, agissaient si évidemment de commun accord pour lui, qu'après avoir porté chacun une enchère de 100 liv., on a eu l'impudeur & la sottise d'adjuger le même objet à eux tous, pour leur faire déclarer ensuite que cette adjudication *était au profit de l'agent national* ; on verra que, dans ces temps de terreur & de gaspillage, l'administration était si fort au-dessus des formes, que les prétendus adjudicataires n'ont signé ni l'adjudication ni la déclaration qu'ils paraissent avoir faite, qu'elle était au profit de l'agent national ; on verra ce même fonctionnaire public faire corriger, après coup, la minute des adjudications faites en sa faveur, & auxquelles il avait présidé, en substituant à son nom, comme agent national, celui d'un administrateur qui n'était même pas présent à ces adjudications.

On verra enfin d'autres hommes avides, tellement enhardis par la conduite de l'agent national, qu'après s'être donné le mot, ils enchériffent à fa barbe, chacun, *féparément*, fur les autres domaines du Lindois, en déclarant *réciproquement qu'ils font de moitié dans les adjudications*.

C'eft par ce genre de manœuvre que des biens nationaux confidérables ont été adjugés, les uns fans qu'il y ait eu d'enchères, les autres fur des enchères prefque nulles, au point qu'un domaine, eftimé 18,000 liv., a été livré fur une feule enchère de 50 liv.; & deux borderages, eftimés chacun 500 liv., ont été adjugés avec une fimple enchère de 10 liv. Non, on ne pourrait jamais croire à une pareille dilapidation de la fortune publique, fi nous n'avions à la main les actes qui le prouvent.

Et en effet, nous trouvons que le 3 germinal, 2.e année, Louis Defaulniéres, préfident, & Jean Cambois l'aîné, adminiftrateurs, eft-il dit, du directoire, accompagnés de Léonard Grofdefvaux, agent national, fe font tranfportés en la falle ordinaire du directoire, ayant avec eux le fecrétaire-général, &, là étant, ils ont procédé, *fur la réquifition dudit agent national*, à la vente du ci-devant logis, réferve & grande métairie du Lindois, tel, eft-il dit, que le tout a été joui par les ci-devant propriétaires, & eftimé par Conftantin, commiffaire, à la fomme de 45,000 liv.

Ce qui furprendra d'abord, c'eft qu'il ne foit pas fait mention dans le procès-verbal de l'adminiftration, de la contenance de ce gros domaine, pendant que pour tous les autres elle a été fpécifiée; mais nous avons vérifié sur le procès-verbal d'estimation, que cette contenance est de 204 journaux & un quart.

Une chose plus étonnante encore, c'est que, pour un objet aussi conséquent, il ne se soit trouvé à la vente que ceux qui voulaient acquérir pour l'agent national, ou du moins, si on en excepte le citoyen Lageon, on ne voit pas qu'il se soit présenté d'autres enchérisseurs. Il y a plus, c'est qu'aucun d'eux n'ayant signé la minute du procès-verbal, quoiqu'il soit dit, au contraire, qu'ils ont signé, on serait tenté de croire qu'on n'a employé leurs noms, que pour la forme & à leur insçu.

Ces biens, comme on a dit, avaient été estimés 45,000 liv., quatre citoyens seulement, savoir, Gabriel Gros, Constantin, l'un des estimateurs, Lageon & Bairand, se présentent, ou du moins paraissent présens, & faire un simulacre d'enchères. Gros porte à 45,100 liv., Lageon à 45,200 liv., Gros à 45,300 liv., Bairand à 45,400 liv., & finalement Gros à 45,500 liv.

Puisque le citoyen Gros paraissait être le dernier enchérisseur, c'était, sans contredit, à lui seul que devait être faite l'adjudication.

Point-du-tout, la vérité triomphe. Il est constaté par l'acte même d'adjudication, que ces prétendus enchérisseurs (si réellement ils étaient là pour enchérir) n'avaient qu'un seul & même intérêt : celui de servir l'agent national : on les fait paraître en effet, les uns & les autres tellement jaloux de l'obliger, qu'à l'exception de Lageon, ils paraissent se faire faire, *en commun*, l'adjudication dont s'agit, quoique le citoyen Gros fut le plus fort & dernier enchérissseur, & ensuite on leur fait déclarer à tous ensemble, que cette adjudication est pour & au nom de l'agent national, lequel là présent, est-il dit, a accepté & signé, & de fait la minute est signée *Grosdesvaux, acquéreur;* mais ces prétendus enchérisseurs n'ont rien signé; car ils n'ont signé ni leurs enchères, ni l'adjudication, ni même la déclaration qu'ils paraissent faire en faveur de l'agent national.

Voici les propres termes de l'adjudication :

« Et par ledit citoyen Gros a été enchéri à 45,500 liv.,
» & a signé. (faux, il n'y a point de signature.) Ce
» second feu éteint, il en a été allumé un troisième,
» lequel éteint, sans que, pendant sa durée, personne
» n'ait mis au-dessus de ladite somme, nous commissaires
» susdits, & ce consentant, (il y avait d'abord l'agent
national ; mais on a mis en marge & en interligne, *le substitut de l'agent national,*) avons déclaré ledit citoyen Gabriel Gros, demeurant à Montembœuf, *dernier enchérisseur, adjudicataire définitif;* mais on a rayé ces quatre derniers mots par un trait de plume, & on a ajouté
» Léonard Constantin & Jacques Bairand, ces derniers
» demeurant, savoir, ledit Bairand au Lindois, & Cons-
» tantin en la commune de Roussine, *derniers enchérisseurs-*
» *adjudicataires définitifs,* moyennant ladite somme de
» 45,500 liv., & à l'instant, ils nous ont déclaré que
» ladite adjudication était pour & au nom du citoyen
» Léonard Grosdesvaux, demeurant à la Rochefoucauld,
» lequel, ici présent, a accepté ladite adjudication sous
» les clauses & conditions ci-dessus, & jouira de tous

» les objets compris au préfent acte de vente, excepté
» ce qui fera fufceptible d'être détruit, conformément à
» la loi, & a ledit adjudicataire figné avec nous. Signé
» au regiftre, Larocque, Defaulniéres, préfident;
» Albert, fubftitut; Grofdefvaux, acquéreur; & Guilloux,
» fecrétaire-général. »

Maintenant nous ferons ce dilemme : ou le citoyen Gabriel Gros & fes co-enchériffeurs n'étaient pas préfens à la vente, & n'ont point porté d'enchères, ou ils étaient préfens & ont enchéri réellement.

Au premier cas, le procès-verbal d'adjudication eft un acte faux, puifqu'il porte que Gabriel Gros & les autres ont fait chacun une enchère.

Au fecond cas, ils ont dû figner leurs enchères, & l'adjudication qui leur eft commune, ainfi que leur déclaration au profit de l'agent national. La minute du procès-verbal annonce effectivement qu'ils ont figné, & cependant il n'exifte aucune fignature d'eux : ainfi le procès-verbal ferait encore faux.

Ajoutons qu'indépendamment de ce faux, l'adjudication n'en ferait pas moins effentiellement nulle. Il ne peut y avoir d'adjudication régulière, là où il n'y a pas eu d'enchères réelles : or, la réunion des citoyens Gros, Conftantin & Bairand, pour l'adjudication dont s'agit, eft une preuve évidente que ces prétendus enchériffeurs étaient d'intelligence, & que leurs enchères étaient fimulées, puifqu'ils ont fini par s'accorder enfemble, en faveur de l'agent national.

Mais reportons notre attention fur la minute du procès-verbal d'adjudication, & nous y découvrirons jufqu'à quel point un homme puiffant, fous le régime de la terreur, peut abufer de ceux qui le craignent.

L'agent national inftruit, fans doute, que fon adjudication faifait du bruit dans le public, & réfléchiffant qu'on ne manquerait pas, lorfque le temps de la juftice ferait arrivé, de lui oppofer fa qualité, & de lui dire qu'il n'avait pu en même temps pourfuivre la vente, & fe rendre adjudicataire; faifant attention, d'ailleurs, que le citoyen Jean Cambois l'aîné que l'on avait établi comme l'un des commiffaires à la vente, n'était déjà plus adminiftrateur à cette époque, & qu'il était ridicule de lui avoir donné cette qualité dans le procès-verbal d'adjudication, l'agent national, difons-nous, s'adreffe au fecrétaire-général du diftrict, & lui demande de fubftituer le nom d'Antoine Larocque à celui du citoyen Cambois l'aîné; il lui demande de fubftituer également à fon nom de lui Léonard Grofdefvaux, agent national, celui de Pierre Albert, fubftitut de l'agent national.

Cette demande fut un ordre : le fecrétaire n'eut qu'à obéir, & il eut la faibleffe d'y condefcendre. Il furchargea en effet les mots, *Jean Cambois l'aîné*, par ceux-ci, *Antoine Larocque*; il furchargea pareillement les mots, *Léonard Grofdefvaux*, par ces mots, *Pierre Albert*, en interlignant les deux mots, *fubftitut de*, & intercalant la lettre *l* entre le mot qui difait *Defvaux* & celui qui difait *agent*; plus bas où il était dit : & ce confentant l'agent national, il a tiré un trait de plume fur les quatre dernières lettres du mot *l'agent*, & a refait la lettre *a* par celle *e*, ce qui fait le mot *le* : enfuite il a ajouté à la marge, *fubftitut de*, & a interligné le mot *l'agent*.

Toutes ces furcharges & fubftitutions de noms, interlignes & ratures, n'ont point été approuvées, & elles paraiffent évidemment avoir été faites après coup : ce qu'il y a de certain, c'eft que les ratures fe lifent encore aifément, & que l'on y découvre clairement la vérité de ce que nous venons de dire.

L'agent national, & on n'aura pas de peine à le croire, ne pouvait être tranquille fur une adjudication qui refpirait auffi fortement la fraude & le faux. Il imagina, pour fe raffurer, de faire une déclaration le 27 du même mois germinal, confignée fur les regiftres du diftrict, par laquelle il requérait, *par délicateffe de fentimens & pour le dû de fa charge*, que l'adminiftration eût à nommer un commiffaire pour faire une nouvelle expertife des biens qui lui avaient été adjugés, aux offres qu'il faifait de les remettre entre les mains de la nation, fi l'eftimation nouvelle fe trouvait excéder le prix de fon adjudication.

« L'Adminiftration pénétrée, eft-il dit, des fentimens » de loyauté & de défintéreffement du citoyen Grofdefvaux, » agent national, arrête que le citoyen Roche, l'un de » fes membres, vifitera & eftimera de nouveau les biens » dont s'agit. » En conféquence, le citoyen Roche fe tranfporta deux jours après au Lindois, & d'après, dit-il, la défignation qui lui a été faite defdits biens par le nommé Bairand, fermier, qui lui a dit qu'ils confiftaient en bâtimens, prés, pacages, bois taillis, bois châtaigniers & terres labourables, & après qu'il les a eu parcourues, le citoyen Roche déclare les eftimer la fomme de 42,500 liv.

D'après cette eſtimation, l'adminiſtration arrête qu'il eſt de l'intérêt de la nation que l'adjudication faite au profit de ſon agent national, ſoit maintenue.

Sans attaquer ici la délicateſſe du citoyen Roche, ni ſes connaiſſances en matière d'expertiſe, nous nous contenterons d'obſerver qu'il eſt aſſez vraiſemblable que Bairand, fermier du Lindois, à qui il s'en eſt rapporté pour l'indication des biens, ce même Bairand qui paraît avoir enchéri & s'être rendu adjudicataire pour l'agent national, aura encore voulu rendre dans cette circonſtance, un nouveau ſervice à ce dernier, en ne faiſant pas la montrée exacte au citoyen Roche, de tout ce qui était compris dans l'adjudication faite au profit de l'agent national. Nous dirons plus, nous dirons que ſi l'adminiſtration voulait s'en rapporter à une nouvelle expertiſe, elle eût dû, au moins, nommer deux experts, parce que, comme on dit trivialement, quatre yeux voient plus clair que deux.

Au reſte, cette nouvelle démarche de la part de l'agent national, décèle aſſès ſa turpitude, & encore plus, ſa propre conviction ſur les manœuvres qui ont précédé, accompagné & ſuivi ſon adjudication.

Mais cette adjudication n'eſt pas la ſeule qui ait été faite au profit de l'agent national : il en eſt trois autres qui ne ſont pas moins irrégulières, quoique moins conſéquentes : elles prouveront de nouveau la toute-puiſſance de l'agent national ſur l'adminiſtration & ſur les adminiſtrés.

Il reſtait en effet d'autres biens à vendre, dépendant du Lindois.

Le 1.er prairial, 2.e année, le directoire met en vente la 1.re borderie eſtimée 500 liv.

Deux citoyens feulement enchériffent l'un fur l'autre, Nicolas Pradignac & Jean Martin. L'objet demeure à Pradignac pour 700 liv., & auffitôt Pradignac paraît déclarer que c'eft pour l'agent national qu'il a acquis, lequel préfent accepte & figne.

On procède enfuite à l'adjudication d'une autre borderie, également eftimée 500 liv. Les deux mêmes enchériffeurs paraiffent encore feuls, & elle eft auffi adjugée au citoyen Pradignac pour 550 liv., qui déclare que c'eft pour l'agent national, qui accepte.

Enfin on met à l'enchère une troifième borderie eftimée comme les précédentes 500 liv. Cette fois le citoyen Pradignac n'a pas de concurrens : il paraît mettre une fimple enchère de 10 liv., & la borderie lui eft adjugée pour 510 liv. Il paraît déclarer encore qu'elle eft pour l'agent national, lequel, toujours préfent, accepte & figne.

L'agent national s'eft-il fervi du nom du citoyen Pradignac à fon infçu ? C'eft ce que nous n'oferons pas affirmer ; ce qu'il y a de certain, c'eft que le citoyen Pradignac, qui, jufqu'à préfent, a joui de la réputation d'un homme probe & délicat, n'a figné aucune de ces adjudications, non plus que les déclarations qu'il paraît faire en faveur de l'agent national : c'eft à lui à s'expliquer, avant qu'il foit permis d'accufer fa délicateffe.

On procède à l'adjudication du domaine appelé de la Pouvrerie, compofé de 71 journaux de terre, 28 journaux de pré & pacages, 15 journaux de bois châtaigniers : le tout eftimé 18,000 liv.

Junien Tardien eft le feul qui met 50 liv. fur ce

domaine : aucun enchériffeur ne fe préfente, & au lieu par l'agent national, ou celui qui en faifait les fonctions, de requérir la remife de l'adjudication à un autre jour, comme cela eft d'ufage, il laiffe bonnement adjuger ce domaine pour 18,050 liv.

Remarquez, ceci eft effentiel, que Tardien déclare que ladite adjudication eft tant pour lui que pour jean Lavaud, *qui était là préfent*, parce qu'on va voir tout-à-l'heure, que ce Jean Lavaud déclarera à fon tour, acquérir un autre objet, également fans enchères, tant pour lui que *pour Tardien préfent.*

En effet, la borderie de la Pouvrerie eftimée 500 liv., eft, immédiatement après, mife en vente : Jean Lavaud eft le feul qui porte une modique fomme de 10 liv. fur cette borderie, & elle lui eft livrée pour 510 liv.; mais Jean Lavaud n'oublie pas de déclarer qu'elle eft tant pour lui *que pour Tardien.*

Une feconde borderie à la Pouvrerie eft auffi adjugée à Tardien pour 650 liv., & il déclare que *Lavaud* eft encore pour moitié dans l'adjudication.

Enfin, on procède à l'adjudication de la métaiere appelée de Mirambeau, eftimée 16,000 liv., & elle eft adjugée au citoyen Pradignac pour 16,450 liv. (*)

───────────────

(*) Il n'y a pas d'exemple dans ce diftrict, d'adjudications à auffi bas prix. Le montant des ventes a prefque toujours doublé & quelquefois triplé celui des eftimations. L'agent national écrivait lui-même au comité de falut public, dès le 27 nivôfe, 2.e année, ces mots remarquables : « Nous vendons les immeubles » des émigrés *trois fois* au-delà la valeur fixée aux procès-verbaux de divifion... » Très-certainement, depuis l'époque de cette lettre, le prix des ventes a toujours

Telles ont été les ventes, ou, pour mieux dire, le gafpillage & la dilapidation des biens nationaux du Lindois : ils ont été livrés à vil prix, & il n'y a rien là d'étonnant, puifque ceux qui voulaient les acquérir, ou enchériffaient enfemble, & d'accord pour l'agent national, ou s'étaient donné le mot pour les partager, fans fe trouver en concurrence; mais ce qui a lieu de furprendre, c'eft qu'un pareil agiotage, contre la fortune publique, fe foit paffé fous les propres yeux de l'adminiftration ; qu'il foit authentiquement configné dans les actes qui émanent d'elle; qu'il ait même été dénoncé à la fociété populaire, depuis plus d'un an, en préfence de plufieurs membres de l'adminiftration, (dénonciation répétée devant le repréfentant du peuple Bordas.) & que l'adminiftration n'ait pas cherché à févir contre de telles manœuvres : c'était fans doute à l'agent national fpécialement, à requérir la nullité de toutes ces adjudications, c'était à lui à demander l'application de la loi contre ceux qui l'avaient fi ouvertement enfreinte ! Que difons-nous, l'agent national ne l'avait-il pas lui-même violée......

C'eft à vous, CITOYEN REPRÉSENTANT, organe fidèle de la Convention nationale, qui avez porté dans nos murs la paix & l'efpérance du bonheur à tous les amis de la Liberté; c'eft à vous, qui vous êtes prononcé avec tant d'énergie pour la juftice & l'amour des principes,

---

été en augmentant. Comment fe fait-il donc que des biens eftimés 46,500 liv., aient été adjugés à l'agent national pour 47,260 liv. ? & que d'autres, eftimés 18,000 liv., aient été livrés pour 18,050 liv. ? La raifon eft fimple : c'eft qu'il y a eu fraude & colléfion.

à uſer des moyens qui ſont en votre pouvoir, pour faire reſtituer à la Nation & à la citoyenne Châtaigner des biens dont elles n'ont été dépouillées que par une illégalité auſſi ſcandaleuſe que criminelle..... Non, la juſtice ne ſera plus un vain mot : le règne des fripons eſt paſſé comme celui des terroriſtes eſt anéanti, & la République triomphe, puiſqu'il eſt permis enfin de démaſquer les faux amis du peuple.

Les Membres de la Commiſſion,

LÉCHELLE, FOUCHIER fils, BOUGLÉ, MARCHADIER, ALBERT, ALBERT BELLE ISLE.

A ANGOULÊME,

De l'Imprimerie de PIERRE BARGEAS, Libraire, Imprimeur du Département, au ci-dev. Château.

An IIIe. de la République.

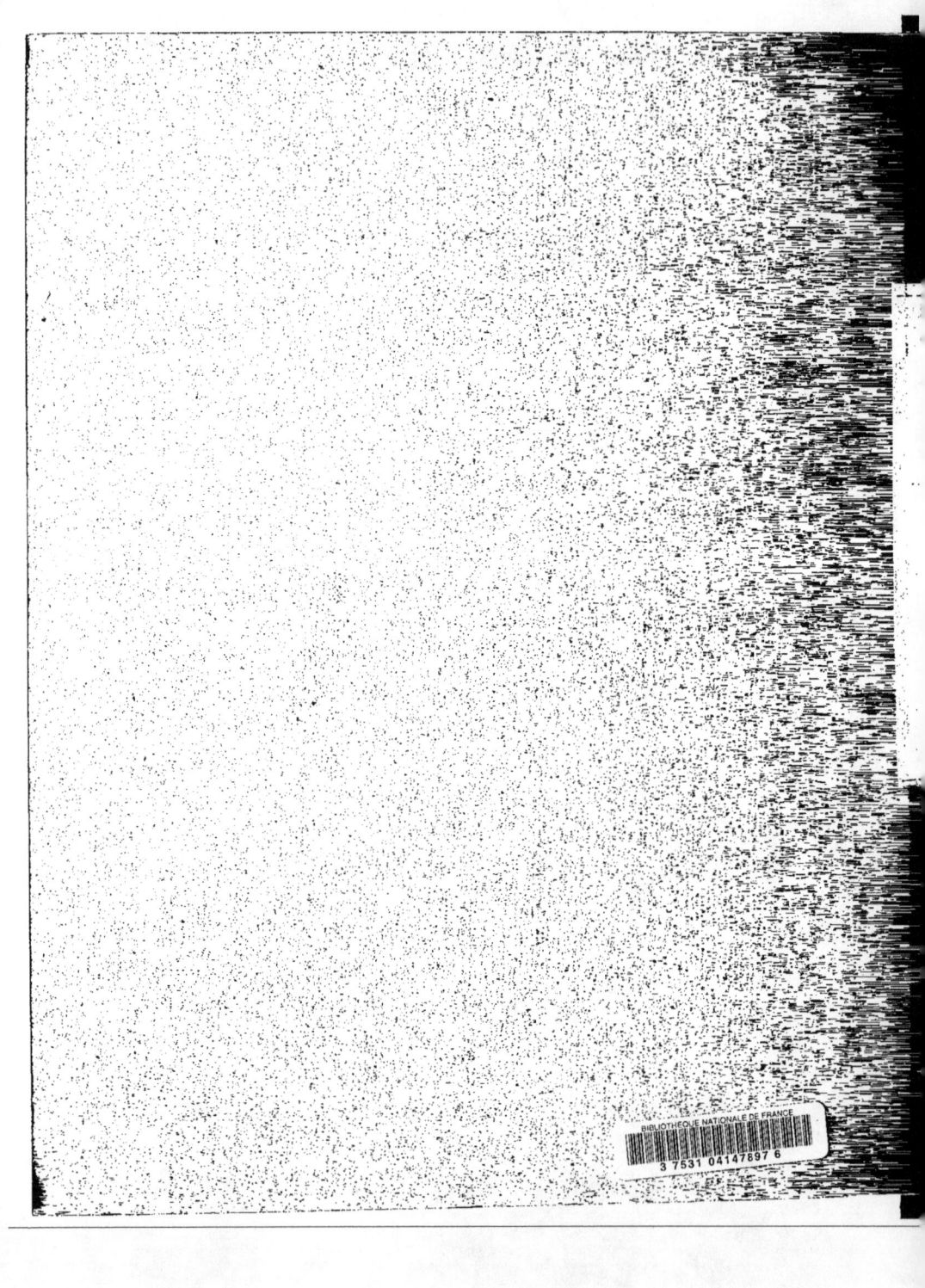